Das Bilderbuch »Ich wär so gern ... dachte das Erdmännchen«

INHALTSANGABE

b.1

Das Bilderbuch »Ich wär so gern ... dachte das Erdmännchen« von Werner Holzwarth und Stefanie Jeschke erzählt von einem Erdmännchen im Zoo. Das Erdmännchen beobachtet aufmerksam seine Nachbarn.

Es steht auf einem Hügel, schaut nach links, nach rechts und geradeaus und entdeckt den Bären, den Schimpansen und den Löwen. Das Erdmännchen bewundert seine Zoonachbarn und denkt sich bei jedem Tier, dass es so gern wie das andere wäre. Es wäre gern ein Schimpanse, weil der so toll Quatsch macht. Es wäre gern ein Bär, weil der so stark ist, und es wäre so gern ein Löwe, weil jeder dann Angst vor ihm hätte.

Als plötzlich der große Schatten eines Mädchens mit drei Luftballons auftaucht und das Erdmännchen Gefahr wittert, sorgt es mit seinem Pfeifen dafür, dass alle anderen Erdmännchen schnell in ihren sicheren Bau verschwinden. Was das Erdmännchen nicht weiß: Insgeheim wären die anderen Tiere gerne ebenso aufmerksam, schnell, umsichtig und durchsetzungsfähig wie das Erdmännchen.

Der Schimpanse wünscht sich, auch so aufpassen zu können wie das Erdmännchen. Der Bär wünscht sich, so schnell wie das Erdmännchen zu sein, und der Löwe hätte es gerne, dass auch bei ihm alles nach seiner Pfeife tanzt.

Vor lauter Umherschauen bemerkt das Erdmännchen gar nicht, wie sehr die anderen Tiere es bewundern. Und auch zum Schluss möchte es immer noch gerne so sein wie die anderen Tiere.

Diese kurze und nachdenklich stimmende Erzählung führt humorvoll vor Augen, dass jeder von uns Eigenschaften besitzt, die bewundernswert sind, man sich dessen jedoch oft selbst gar nicht bewusst ist und stattdessen sehnsüchtig auf die Eigenschaften anderer blickt. Die Fabel thematisiert das Erkennen der eigenen Stärken und Talente. Realitätsbezug und Fiktion werden hier vermischt und machen das Buch zu einem Leseerlebnis.

BILDERBUCHANALYSE

Der Text

Vorweg ein praktischer Hinweis zum nicht vorpaginierten Buch. Die Paginierung wurde nach dem gängigen Verfahren vorgenommen. Demnach ist die erste Doppelseite der Erzählung Seite 6/7.

Das Bilderbuch »Ich wär so gern ... dachte das Erdmännchen« beginnt mit einer kurzen Einleitung, in der erzählt wird, dass das Erdmännchen die Tiere im Zoo aufmerksam beobachtet. Auf diese Einleitung folgt die Erzählung, in der das Erdmännchen die anderen Tiere um ihre Talente beneidet und selbst gar nicht weiß, dass es den anderen Tieren genauso geht wie ihm selbst.

Der auktoriale Erzähler erzählt in einem zeitlichen Nacheinander und im Präsens.

Es handelt sich um eine Fabel. Alle Hauptakteure sind Tiere. Die Tiere haben charakteristische menschliche Züge und sind so konzipiert, dass sie im Rahmen ihres Lebensraumes denken, sprechen und handeln können. Sie können über eine Situation reflektieren und verfügen über eine Erkenntnisfähigkeit, die ihnen dazu verhilft, menschlich zu handeln. Der Bär, der Löwe und der Schimpanse sind klassische Fabelwesen. Sie haben in der Regel einen sehr eindimensionalen Charakter. Das bedeutet, dass für die Leser:innen die Rollenverteilung und die Eigenschaften der Fabeltiere schon vorab klar sind und vorhersehbar ist, wie sich das jeweilige Tier verhalten wird. Der Autor spielt hier ein wenig mit dieser Annahme, und statt dem Schimpansen einen eitlen und intriganten Charakter zuzuordnen, ist dieser lustig und macht Quatsch. Den Löwen und den Bären beschreibt der Autor sehr klassisch, allerdings ist ihr Handeln und Fühlen divergent. Sie sind neidisch auf das Erdmännchen und keinesfalls selbstbewusst und stolz.

Die Erzählung folgt einerseits dem klassischen Aufbau einer Fabel, es gibt eine Ausgangssituation (das Erdmännchen beobachtet die anderen Tiere im Zoo) und es entsteht eine »Konfliktsituation« (das Erdmännchen wär so gern wie die anderen Tiere). Andererseits wird der innere Konflikt am Ende nicht wirklich gelöst, sondern das Geschehen wird zum Geschichtenanfang zurückgeführt. Zwar wären die anderen Tiere auch gern so wie das Erdmännchen, doch das Erdmännchen weiß das nicht und beneidet bis zur letzten Seite die anderen.

Erzählt wird mit sich wiederholenden Satzmustern und inhaltlich einfach gehaltenen Sätzen. Die Sätze sind kurz, ohne Einschübe langer Nebensätze, und parataktisch. Die Texte bestehen manchmal lediglich aus ein paar Wörtern. Den Leser:innen wird keine fertige Geschichte präsentiert, die bis ins kleinste Detail erläutert wird, sondern sie müssen auch die Bilder zu lesen wissen, um die Fabel zu begreifen.

Das Bilderbuch arbeitet mit mehreren Spannungsbögen. Zu Beginn wissen die Leser:innen nicht, was das Erdmännchen sucht oder entdeckt hat, und der Spannungshöhepunkt liegt sicher an der Stelle, als das Erdmännchen seine Artgenossen vor der Gefahr warnt und die anderen Tiere sein Verhalten bewundernd beobachten. Kleinere Spannungsbögen entstehen beim Umblättern der Seiten und mit der Neugier, ob das Erdmännchen seine Meinung ändern wird.

Die Illustrationen

Stefanie Jeschkes Illustrationen sind kontrastreich, plakativ und mit gut sichtbaren Konturen gezeichnet. Wie die Sprache wirken auch die Bilder rhythmisierend. Großflächige Bilder über eine Doppelseite hinweg wechseln sich ab mit kurzen, dynamisierenden, comicartigen Bildfolgen (S. 10/11, 14/15), die der Wahrnehmung der Jüngeren entgegenkommen.

Das Erdmännchen und der Schimpanse, der Bär und der Löwe stehen im Mittelpunkt der Erzählung, und einer von ihnen ist immer auf einer Seite dargestellt. Alle Tierfiguren sind schematisch gezeichnet und haben charakterstarke Gesichter. Die Illustrationen sind auf das Wesentliche reduziert und nehmen die Tiere mit Mimik und Gestik in den Blick. Die Charakterzuschreibungen wurden sehr gut getroffen, so wirkt das pfiffige Erdmännchen zum Beispiel außerordentlich lebendig und hektisch. Die Bilder sind sehr minimalistisch und weitestgehend auf die Tiere beschränkt. Dies erzeugt eine hohe Aussagekraft.

Die Illustratorin hat sich verschiedener Bildräume bedient. Die Gestaltung der Bilder ist abwechslungsreich in Bezug auf Anordnung, Größenverhältnisse und Perspektive, sodass beim Durchblättern keine Langeweile aufkommt.

Bild-Text-Zusammenhang

Alle Illustrationen veranschaulichen die Handlung und unterstützen den Inhalt des Textes. Das Bild bringt den Text auf den Punkt, wie z. B. auf S. 6 und 7 oder auf S. 20 und 21. Bild und Text stehen insofern gleichwertig nebeneinander. An manchen Stellen fehlt der Text und die Bilder erzählen die Geschichte weiter. Die Kinder könnten die Geschichte auch allein durch die Bilder und ohne Text erschließen.

DEUTUNGSPERSPEKTIVEN

b.3

Das Bilderbuch regt zum Nachdenken an und wirft elementare Themen wie Selbstwahrnehmung, Selbstfindung, Selbstwert und die eigenen Stärken auf. Insofern kann es im Anfangsunterricht, aber auch in den Klassen 2 bis 4 eingesetzt werden, da es sich auf unterschiedlichen Ebenen lesen und verstehen lässt. Der ästhetische Zugang zur Welt der Gefühle ist anschaulich und kindgemäß.

»Ich wär so gern ... dachte das Erdmännchen« führt den Leser:innen vor Augen, dass jeder Eigenschaften besitzt, die bewundernswert sind und auf die andere manchmal ein klein wenig neidisch sein können. Die eigenen Stärken wahrnehmen und sich selbst annehmen, wie man ist, sind Themen des Bilderbuchs.

Alle Tiere beneiden die Eigenschaften und Fähigkeiten eines anderen Tieres. Das geht auch uns Menschen so und ist nicht verkehrt, solange man darüber nicht beginnt, an sich selbst zu zweifeln. Denn in jedem von uns stecken Stärken, die man vielleicht einfach nur noch nicht erkannt hat.

Am Ende der Fabel erwartet man als Leser:in, dass das Erdmännchen erkennt, dass es beneidenswerte Eigenschaften hat. Aber nein, für das Erdmännchen hat sich offensichtlich nichts verändert und es bleibt weiterhin neidisch auf die anderen Tiere, weil die Tiere nicht miteinander kommunizieren und nichts von ihrer gegenseitigen Bewunderung erfahren. Die Anerkennung und Bewunderung der anderen wird dem Erdmännchen nicht bewusst, weil die Tiere es nicht offen aussprechen. Lediglich die Leser:innen sind klüger als das Erdmännchen und wissen um die Gedanken der anderen Tiere. *Wer bin ich?* und vor allem *Wie bin ich?* sind existenzielle Fragen, die sich Kinder im Laufe ihrer Entwicklung stellen. Der Vergleich mit Gleichaltrigen, aber auch mit Erwachsenen und Vorbildern ist ein wichtiger Schritt auf dem Weg zum Erwachsenwerden, um sich selbst besser verstehen und kennenlernen zu können. Diese Phase in der Entwicklung eines Kindes wird mit der Geschichte abgebildet. Das Bilderbuch bietet deshalb eine ideale Grundlage, um mit Kindern über Selbst- und Fremdwahrnehmung zu sprechen.

Trotz der nachdenklich stimmenden Themen transportiert die Geschichte eine gewisse Komik und einen Witz. Seine Botschaft bringt Werner Holzwarth mit sehr wenigen Worten herüber. So steht in seinem Bilderbuch bei der Kernaussage nicht primär eine belehrende Moral im Mittelpunkt, sondern vielmehr die aus dem Geschehen heraus entwickelte Selbsterkenntnis der Tiere, nämlich dass die Eigen- und Fremdwahrnehmung sich voneinander unterscheiden können und es wichtig ist, in den Dialog zu gehen, um sein eigenes Weltbild hinterfragen zu können. Diese gewonnene Erkenntnis können die Kinder auf ihre Lebenssituation übertragen und reflektieren.

Didaktische Überlegungen

d.1 DIDAKTISCHES PROFIL DES BILDERBUCHS

Werner Holzwarths und Stefanie Jeschkes Bilderbuch bietet den Kindern viele Anknüpfungspunkte an ihre Lebenswirklichkeit. Didaktisches Potenzial liegt in der Verknüpfung von vertrauten, assimilativen und eher neuen, akkommodativen Aspekten.* Die vertraute Dimension des Textes, wie etwa die kindgerechte Erzählweise und die Thematik, ermöglichen, dass die Kinder von sich aus einen Zugang zum Buch finden können und dass Anknüpfungsmöglichkeiten für eine eigene Deutung vorhanden sind (Assimilation). Dieser Aspekt bezieht sich auf das lesefördernde Potenzial. Neue, zusätzliche Anforderungen, die das Buch an ein Verstehen der Kinder stellt, betreffen eher den Bereich des literarischen bzw. kunsttheoretischen Lernens. Das Bilderbuch eignet sich im Sinne eines Vorlesebuchs für einen Einsatz im Anfangsunterricht. Als Ganzschrift ist das Buch durch die Textmenge und das Anspruchsniveau, je nach Leistungsniveau einer Klasse, für die Klassenstufen 1 und 2, aber auch für Klasse 3 und 4 angemessen.

Im Überblick lässt sich das didaktische Profil folgendermaßen skizzieren:

Dimension des Textes	Das Vertraute: Möglichkeit zur Assimilation (Leseförderung)	Das Neue: Notwendigkeit zur Akkommodation (literarisches Lernen)
Wirklichkeitsbezug	▶ Fantastische Elemente ▶ Textgattung: Fabel	▶ Irritierende Elemente: Tiere denken und sind Teil der Handlung
Thematik	▶ Neid ▶ Ich und die anderen	▶ Konfliktlösungen suchen und finden ▶ Eigene Wege gehen ▶ Abgrenzung gegenüber der Meinung anderer
Figuren	▶ Identifikation mit der Hauptfigur ▶ Sympathie und Antipathie mit den Tieren	▶ Uneinsichtigkeit des Protagonisten
Sprache/Stil	▶ Einfacher Satzbau ▶ Wiederholungen	▶ Kurze Sätze und einzelne Wörter statt eines erzählenden Fließtextes
Bildebene/ Layout	▶ Einfachheit der Bilder ▶ Klarheit und farbliche Gestaltung der Figuren	▶ Kontrastreiche Darstellung ▶ Mimik und Gestik der Figuren
Literarische Formelemente/ Erzählkonzept	▶ Auktorialer Erzähler ▶ Lineares Erzählen ▶ Episodische Struktur	▶ Fabelelemente ▶ Spannungsbogen ▶ Keine positive Erkenntnis am Schluss ▶ Leerstellen

* Vgl. Rank, Bernhard (2005): Leseförderung und literarisches Lernen. In: Lernchancen, 8. Jg., Heft 44, S. 4–9.

METHODENKISTE DEUTSCHUNTERRICHT

d.2

Der Einsatz von Bilderbüchern im Grundschulunterricht knüpft im günstigsten Fall an die Vorerfahrungen der Kinder mit Bilderbüchern im Kindergarten und in der Familie an und führt diese differenziert weiter. Bilderbücher können in nahezu allen Arbeitsbereichen des Grundschulunterrichts eingesetzt werden. Dabei eignen sie sich besonders zum Einsatz in fächerübergreifenden Kontexten.

Im Folgenden sind Vorschläge für mögliche Arbeitsweisen mit »Ich wär so gern ... dachte das Erdmännchen« im Deutschunterricht aufgeführt. Im Vordergrund steht dabei die Verknüpfung mit anzustrebenden Kompetenzen, wie sie in den von der Kultusministerkonferenz (KMK) verabschiedeten »Bildungsstandards für das Fach Deutsch für den Primarbereich« dargestellt sind, die die verbindliche Grundlage für alle in den Ländern zu entwickelnden Lehr- und Bildungspläne in der Grundschule darstellen.

In der rechten Spalte geben wir jeweils mögliche Beispiele für eine konkrete Umsetzung im Unterricht. Hier finden sich auch Verweise zu den Kopiervorlagen und Infoblättern in diesem Heft. Zahlreiche methodische Möglichkeiten sprechen mehrere Bildungsstandards an. Wir haben uns zum Zwecke der Übersichtlichkeit jeweils für einen Bildungsstandard des Bereiches 3.3 (»Lesen – mit Texten und Medien umgehen«) entschieden. Häufig lassen sich auch sinnvolle Bezüge zu den Bildungsstandards der anderen Bereiche herstellen.

Bildungsstandards	Methoden	Beispiele
→ Über Lesefähigkeiten verfügen		
• Lebendige Vorstellungen beim Lesen und Hören literarischer Texte entwickeln	• Das Buch sinngestaltend vorlesen	• Nur den Text vorlesen und Bilder zum Inhalt malen lassen; im Anschluss mit dem Original vergleichen
• Texte sinnverstehend und flüssig lesen	• Im Anschluss an das Lesen den Inhalt mit eigenen Worten nacherzählen	• Im Gesprächskreis das Buch anhand von Bildern mündlich nacherzählen lassen oder die Bildkarten nutzen von → **k.11**
	• Texte leise für sich lesen	• Abschnitte allein oder im Lesetandem erlesen lassen
• Selbstgewählte Texte zum Vorlesen vorbereiten und sinngestaltend vorlesen	• Textabschnitte/Textstellen vorlesen	• Die Lieblingsstelle vorlesen • Die Stelle, die man nicht verstanden hat • Die Stelle, die man am wenigsten gut findet
→ Über Leseerfahrungen verfügen		
• Kinderliteratur kennen: Werke, Autoren und Autorinnen, Figuren, Handlungen	• Fachbegriffe einführen und anwenden, z. B. Titel, Autor/Autorin, Illustrator/Illustratorin, Verlag, Cover, Zeile, Seite, Text	• Fachbegriffe anhand des Buchs besprechen und anwenden → **k.1**
	• Weitere Bücher von Werner Holzwarth und Stefanie Jeschke kennenlernen	• W. Holzwarth: z. B.: »Der Winter des Eichhörnchens«; »Vom Maulwurf, der wissen wollte, wer ihm auf den Kopf gemacht hat« • S. Jeschke: »Die Erdmännchen sind los«; »Hier kommt Henriette«
	• Vergleichendes Lesen	• Andere Fabeln, Tiergeschichten und Sachbücher kennenlernen; Kennzeichen und Unterschiede erarbeiten
	• Biografien von Werner Holzwarth und Stefanie Jeschke kennenlernen	• Im Internet über den Autor und die Illustratorin recherchieren, Interviews lesen → **i.3, i.4**

Bildungsstandards	Methoden	Beispiele
→ Texte erschließen		
• Verfahren zur ersten Orientierung über einen Text nutzen	• Titel, Titelbild und Umschlagtext untersuchen • Antizipationen zum Text äußern	• Titelbild ansehen und Vermutungen zum Titel äußern • Zum Titel und Titelbild eigene Geschichten schreiben (anschließend Vergleich mit tatsächlichem Handlungsverlauf)
	• Das Bilderbuch lesen	• Erste Leseeindrücke sammeln; literarisches Unterrichtsgespräch anschließen
	• Bilder des Buchs herausgreifen und beschreiben	• Seite 20/21, 22/23, 26/27 • Bilderrätsel erfinden → **k.10**
	• Erzählerrede und Figurenrede identifizieren	• Mit verschiedenen Farben markieren
• Gezielt einzelne Informationen suchen	• Fragen zum Text beantworten	• Quiz lösen, Suchsel → **k.1**
	• Den Textinhalt rekonstruieren	• Einen Lückentext ergänzen → **k.7** • Satzstreifen ordnen • Bildkarten ordnen → **k.11**
	• Figuren herausarbeiten	• Charakterzüge der Tiere sowie Eigenschaften und Merkmale der einzelnen Figuren beschreiben → **k.4, k.7**
	• Gedanken und Gefühle der Hauptfiguren herausarbeiten	• Mimik und Gestik der Figuren untersuchen und vergleichen • Gefühle der Figuren untersuchen → **k.3**
• Texte genau lesen	• Einen veränderten Text vorgeben und mit dem Original vergleichen	• Textstellen überprüfen → **k.4**
	• Textabschnitte mündlich zusammenfassen und wiedergeben	• Bei relevanten Stellen der Lektüre, um das Verständnis zu sichern
• Texte mit eigenen Worten wiedergeben	• Den Inhalt des Buchs mit eigenen Worten wiedergeben	• Nacherzählen nach Bildern, Moderationskarten, Stichwörtern oder Sätzen → **k.11**
	• Das Buch in Abschnitte gliedern	• Mögliche Gliederung: Erster Teil: S. 6 bis 21, zweiter Teil: S. 22 bis 25, dritter Teil: S. 26 bis 31, letzter Teil: S. 32 bis 39
	• Überschriften zu den Abschnitten finden	• Mögliche Überschriften sammeln
• Aussagen mit Textstellen belegen	• Aussagen zu einer Fragestellung suchen und Fundstellen angeben	• Ein:e Schüler:in beschreibt eine Figur oder eine Szene und die anderen müssen sie finden und erraten → **k.9, k.10**
• Eigene Gedanken zu Texten entwickeln	• Den Text ohne Bilder vorlesen / dem Text ohne Bilder begegnen	• Die Geschichte ohne Bilder vorlesen • Sich eigene Bilder zum Text ausdenken und zeichnen
	• Leerstellen des Textes ausfüllen	• Warum sagen die Tiere nicht ihre Meinung über das Erdmännchen? • Warum erkennt das Erdmännchen nicht, dass es gute Eigenschaften hat?
	• Einen Brief an eine der Figuren verfassen, um eine Meinung zum Ausdruck zu bringen	• Brief der Schüler:innen aus Sicht der anderen Tiere an den Protagonisten
	• Titelbild als Schreibanlass nutzen	• Verfassen einer eigenen Geschichte
	• Ein thematisches Gespräch zum Buch führen	• Welche Stärken habe ich? • Welche Schwächen habe ich? • Wie sehe ich mich? • Wie sehen mich die anderen?
	• Erweiterung des Buchinhaltes durch einen veränderten Schluss	• Das Erdmännchen erkennt seine Stärken und hört die Meinungen der anderen Tiere
• Bei der Beschäftigung mit literarischen Texten Sensibilität und Verständnis für Gedanken und Gefühle sowie zwischenmenschliche Beziehungen zeigen	• Handlungen, Verhaltensweisen und Verhaltensmotive der Figuren bewerten	• Warum wäre das Erdmännchen gern ein anderes Tier? • Warum wäre der Bär gern ein Erdmännchen?

Bildungsstandards	Methoden	Beispiele
• Handelnd mit Texten umgehen, z. B. illustrieren, inszenieren, umgestalten, collagieren	• Eine Textstelle im Rollenspiel darstellen	• Ganzes Buch oder einzelne Abschnitte
	• Ein Bild oder eine Szene malen oder nachmalen	• Das Erdmännchen schaut sich im Zoo um • Arbeitsteilig: Jede:r Schüler:in übernimmt eine Szene des Buchs
	• Die Geschichte umschreiben	• Alternative Fortsetzung ab S. 32
	• Standbilder prägender Szenen darstellen und erraten lassen	• S. 6/7, 22/23
	• Kreative Schreibideen anbieten	• Akrostichon zum Thema »Das bin ich« • Elfchen/Haiku zum Thema »Meine Stärken und Schwächen« • Steckbrief zur eigenen Person • Personenbeschreibungen
	• Die Geschichte aus einer anderen Perspektive erzählen	• Der Bär oder ein anderes Tier erzählt die Geschichte • Ein Zoowärter berichtet
	• Das Buch als Stabpuppentheater gestalten	• Mithilfe von Stabpuppen die Geschichte nachspielen
	• Ein Parallel-Buch erstellen	• Aus dem gleichen Text ein eigenes Bilderbuch mit eigenen Bildern erstellen • Mit einem anderen Text ein ähnliches Buch erstellen
→ Texte präsentieren		
• Selbstgewählte Texte zum Vorlesen vorbereiten und sinngestaltend vorlesen	• Eine Lieblingstextstelle auswählen und Auswahl begründen	• Diese Textstelle gefällt mir besonders gut, weil … → **k.8** • Diese Textstelle finde ich besonders traurig, weil … → **k.8**
	• Einen gestaltenden Lesevortrag vorbereiten und üben	• Die Geschichte als Theaterstück aufführen
	• Die Geschichte als Theaterstück aufführen	• Mit Standbildern beginnen • Einzelne Szenen auswählen → **k.9** • Aufführung als Abschluss der Unterrichtseinheit bzw. des Projekts
• Die eigene Leseerfahrung einschätzen und beschreiben	• Die eigenen Lesefähigkeiten sichtbar machen	• Leseportfolio anlegen • Reflexionsbogen nutzen • Eine Lesekiste mit Büchern von Werner Holzwarth erstellen

VORSCHLÄGE FÜR EINE UNTERRICHTSEINHEIT

Erste Begegnung mit dem Bilderbuch

Über die Bilder
Zum Einstieg in die Arbeit mit dem Bilderbuch kann das Titelbild oder eine andere Illustration aus dem Buch in die Mitte des Stuhlkreises gelegt werden. Die Schüler:innen äußern sich spontan dazu und antizipieren den möglichen Verlauf der Handlung. Je nach Lesefähigkeit der Kinder kann der gesamte Text anschließend vorgelesen oder das Buch gemeinsam erlesen werden. Hierfür wäre es wünschenswert, mehrere Exemplare für die Schüler:innen zur Verfügung zu haben.

Über die Hauptfiguren und Gegenstände
Um die Kinder auf die Geschichte einzustimmen, könnte man auch die Hauptfiguren als Kuscheltiere oder als Farbkopien in die Kreismitte legen und die Kinder frei assoziieren lassen.

Wie leben Erdmännchen?
Vorstellbar wäre auch, dass die Lehrkraft in die Geschichte einführt, indem sie Erdmännchen und deren Lebensweise vorstellt, zum Beispiel mithilfe von Fotos, Bildern aus dem Bilderbuch oder einem Film über Erdmännchen.

Bilderbuchkino
Das Bilderbuch kann auch über YouTube als Bilderbuchkino betrachtet werden. Dazu finden Sie unter folgendem Link eine Lesung des Autors: https://www.youtube.com/watch?v=C8hZ3Jte5Bo

Vorlesen
Das Bilderbuch eignet sich aufgrund der großen und plakativen Bilder hervorragend dazu, vorgelesen zu werden und den Schüler:innen nur die Bilder zu zeigen. Hilfreich ist es, die Bilder schrittweise aufzudecken und nach Bedarf zu reduzieren. Mithilfe einer »Lupe« (z. B. aus Pappe) oder vergrößerter Bildausschnitte können Details auf den Bildern hervorgehoben werden. Durch die sich wiederholenden Textteile der Geschichte werden Kinder schnell befähigt, den Text »mitzusprechen«. Beim Vorlesen könnte man Wörter auslassen und diese von den Kindern ergänzen lassen.

Die Erschließung des Textinhaltes könnte auch zunächst ausschließlich über die Betrachtung der Bilder erfolgen. Die Schüler:innen könnten frei assoziieren, was hier wohl für eine Geschichte erzählt wird. Mehr noch als Fragen geben Impulse den Kindern Möglichkeiten zur freien Äußerung, da sie sehr unspezifisch sind und wegen der fehlenden direkten Anrede den Kindern noch mehr Freiraum lassen. Solche Impulse können Bemerkungen zum Bild (z. B. »Dort sind viele Erdlöcher zu sehen.«) oder »spontane« Gefühlsäußerungen, Ausrufe oder Aufforderungen (z. B. »Oh je!«, »Guckt mal!«, »Toll!«) sein.

Man könnte auch bewusste Pausen setzen und an bestimmten Stellen gemeinsam überlegen, wie die Geschichte weitergeht.

Zum Abschluss wäre es sinnvoll, die Geschichte vorzulesen, damit die Schüler:innen ihre Version mit dem Original vergleichen können.

Rezeption und Erarbeitung des Bilderbuchs

Die richtige Reihenfolge finden
Die prägnantesten Bilder werden kopiert und von den Kindern in die richtige Reihenfolge gelegt. Hierfür eignen sich besonders gut die Seiten 6/7, 10/11, 14/15, 22/23, 24/25, 26, 28, 30 und 32/33. Zur Vertiefung können die Illustrationen des Buchs mithilfe der Kopiervorlage **k.10** genauer betrachtet und die Fabel mit Bildkarten nacherzählt werden (→ **k.11**).

Nachspielen und Standbilder
Mit ein paar Requisiten (z. B. selbstgebastelten Tiermasken oder Stabpuppen) können die Kinder Teile der Fabel nachspielen. Besonders eignen sich dazu die Szenen, in denen die Tiere über die anderen nachdenken. Die Gedanken können als Dialog gespielt werden. Die Kinder können auch Dialoge improvisieren und weiterspinnen. Einfache Standbilder bieten sich ebenfalls an.

Bilddetektive
Eine Aufgabe, die sowohl ein Erinnern an den Inhalt des Gehörten erfordert als auch ein Wiederfinden einzelner Handlungsereignisse auf den verschiedenen Bildseiten notwendig macht, bestünde darin, Quizfragen zum Buch und zu Details in den Illustrationen zu stellen, wie zum Beispiel:

- Ist dir aufgefallen, wie viele Erdlöcher zu sehen waren?

- Weißt du, wie oft das Erdmännchen hin und her schaute?

In der »Methodenkiste« finden Sie zahlreiche weitere Aktivitäten rund um das Bilderbuch. Auch die Kopiervorlagen bieten eine Auswahl an Aufgaben zur Vertiefung auf verschiedenen Ebenen und Schwierigkeitsstufen. Sie können entweder im Klassenverband gemeinsam bearbeitet oder im Rahmen einer Lerntheke angeboten werden. Die Schüler:innen legen dann selbst die Reihenfolge fest, in der sie die Aufgaben bearbeiten wollen, und tragen in einen Arbeitsplan oder in einen Laufzettel ein, welche Aufgaben sie erledigt haben. Die Kinder können ihre Arbeitsblätter in einer Mappe mit selbstgestaltetem Titelbild sammeln.

Die Unterrichtsstunden im Klassenverband können so gegliedert werden, dass jeder freien Arbeitsphase eine Einstimmungsphase vorangestellt wird und nach jeder Arbeitsphase eine Abschlussrunde im Sitzkreis folgt. In der Abschlussrunde können Arbeitsergebnisse präsentiert und Angebote besprochen werden.

Kopiervorlagen

Auf den Kopiervorlagen werden folgende Symbole zur Verdeutlichung der Aufgabenstellung verwendet:

lesen	malen
suchen	ausschneiden
schreiben	erzählen

Profiaufgaben sind mit einem Stern markiert.

Infoblätter

i.1 ZUM AUTOR WERNER HOLZWARTH

Werner Holzwarth wurde 1947 in Winnenden bei Stuttgart geboren, studierte Kommunikation an der Hochschule der Künste in Berlin und arbeitete anschließend viele Jahre als Texter und freier Journalist. Außerdem war er von 1995–2012 Professor für Visuelle Kommunikation an der Bauhaus-Universität in Weimar. Sein erster großer Bilderbucherfolg »Vom kleinen Maulwurf, der wissen wollte, wer ihm auf den Kopf gemacht hat« erschien 1989. Inzwischen widmet sich Werner Holzwarth ganz der Kinder- und Jugendliteratur und geht auf Lesereisen.

Bilderbücher (Auswahl)

- Vom kleinen Maulwurf, der wissen wollte, ... , Peter Hammer Verlag 1989
- Mein Jimmy, Tulipan 2019
- Der Sonnenkönig, Thienemann Verlag 2020
- Der kleine Käfer Skarabäus, Thienemann Verlag 2018

Homepage

www.wernerholzwarth.blogspot.de

i.2 ZUR ILLUSTRATORIN STEFANIE JESCHKE

Stefanie Jeschke studierte Visuelle Kommunikation an der Bauhaus-Universität in Weimar. Seit 2012 arbeitet sie als freiberufliche Illustratorin in ihrem eigenen »Atelier für Illustratives« in der Kleinstadt Treuenbrietzen. Dort malt, zeichnet, spinnt und erfindet sie mehlige Würmer, gruselige Lehrer und was sonst noch so für Kinder- und Jugendbücher gebraucht wird.

© Jedrzej Marzecki

Homepage

https://stefaniejeschke.de

Auf ihrer Homepage gibt die Illustratorin Einblicke in ihre Werke und Arbeiten.

INTERVIEW MIT DEM AUTOR WERNER HOLZWARTH: »JEDES KIND, JEDER MENSCH HAT TALENTE«

i.3

Werner Holzwarth über das Schreiben, seine Liebe zum Fußball und seine Arbeit als Bilderbuchautor

Lieber Herr Holzwarth, sind Sie auf andere neidisch?

Ja, manchmal schon. Aber ich denke im normalen Rahmen.

Bewundern Sie andere Menschen?

Einige. Und zwar Menschen, die selbstlos helfen. Die sich für Ziele wie Umwelt, Klima, Gerechtigkeit über das Normalmaß hinaus engagieren.

Kennen Sie Ihre Stärken? Und wenn ja, welche sind das?

Ich weiß nicht, ob das eine Stärke ist: Ich bin sehr ehrgeizig.

Wie würden Sie sich in drei Hashtags beschreiben?

etwasmehrsportkönntenichtschaden
gegenverschwörungstheorien
vfbstuttgart

Sorry, aber ich bin schon als Kind mit meinem Vater ins Neckarstadion gegangen und wurde so zum VfB-Fan. Das ist nicht immer einfach und manchmal sehr traurig.

Was gefällt Ihnen an Erdmännchen? Haben Sie ein Lieblingstier?

Erdmännchen sind sehr soziale Wesen. Das gefällt mir sehr. Außerdem sehen sie niedlich, witzig aus.

Ich mag vor allem Hunde.

Welche Tiere bewundern Sie?

Bewundern ist vielleicht der falsche Ausdruck, aber ich staune über die Fähigkeiten mancher Tiere. Zum Beispiel von Ratten, Raben und Oktopussen.

Was war der Auslöser für Sie, »Ich wär so gern ... dachte das Erdmännchen« zu schreiben?

Ich wollte klarmachen, dass jedes Kind, jeder Mensch Talente hat. Irgendetwas besser kann als der andere.

Wie verlief der Schreibprozess? Haben Sie oft Textteile überarbeitet oder gestrichen?

Beim Erdmännchenbuch weniger. Aber generell mache ich das häufig. Mein Tipp: schreiben, dann liegen lassen (eine Stunde, eine Nacht oder noch länger), mit Abstand dann noch einmal anschauen und ändern.

Welches ist Ihre Lieblingsstelle oder -szene im Buch?

Die Darstellung des »schnellen« Erdmännchens.

Wie lange haben Sie an dem Bilderbuch geschrieben?

Beim Schreiben von Bilderbüchern nimmt die Ideenfindung die meiste Zeit in Anspruch. Den Text zum Erdmännchen schrieb ich dann sehr schnell. In ein, zwei Stunden.

Die Kinder meiner Klasse wollten wissen, wieso das Erdmännchen denn seine Stärken nicht sieht und die Meinung der anderen Tiere nicht hört. Ich sollte Sie das fragen! Ich frage Sie!

Dem Erdmännchen geht es leider wie auch vielen Menschen: Sie bewundern die Stärken anderer, denken, das könnte ich nie. Und vergessen dabei die eigenen Stärken.

Der Schluss ist kein Happy End. Hatten Sie auch andere Versionen im Kopf, wie die Geschichte enden könnte? Wenn ja, wie?

Ich wollte kein Happy End. Ich wollte zum Weiterdenken anregen. Ein Happy End hätte das verhindert.

Wie gestaltet sich Ihre Zusammenarbeit mit der Illustratorin Stefanie Jeschke? Wie funktioniert das, gemeinsam ein Bilderbuch zu gestalten?

Stefanie war eine meiner besten Studentinnen an der Bauhaus-Universität. Ich habe ihr die Geschichte gezeigt, sie fand sie toll, daraufhin empfahl ich Stefanie dem Verlag – wir haben uns ein, zwei Mal zusammengesetzt, das war's. Lief toll …

Wie stellen Sie sich einen Literaturunterricht mit Ihren Büchern vor?

Ein tolles Ergebnis wäre, wenn jede:r darüber nachdenkt, was er/sie gerne wäre, warum er/sie gerne so wäre, was ihn/sie daran hindert, so zu sein, und wo er/sie die eigenen Stärken sieht.

An welchen Projekten arbeiten Sie zurzeit? Worauf dürfen wir uns freuen?

Ich arbeite zurzeit an einem Buch über (bzw. gegen) Leute, die meinen, sie hätten die Weisheit mit Löffeln gefressen, nur sie würden wissen, was richtig und falsch ist, und die die anderen einfach überschreien.

Vielen Dank, Herr Holzwarth!

Interview: Anja Schirmer (April 2023)

INTERVIEW MIT DER ILLUSTRATORIN STEFANIE JESCHKE: »ICH ZEICHNE EIGENTLICH IMMER«

Stefanie Jeschke über das Zeichnen, Erdmännchen und ihre Arbeit als Illustratorin

Mögen Sie Erdmännchen?

Ich mag sie nicht, ich liebe sie!

Wie würden Sie sich in drei Hashtags beschreiben?

#ruhelos
#füreinebesserewelt
#kinderandiemacht

Welches ist Ihr Lieblingsbild oder Ihre Lieblingsszene im Buch?

Ich mag die Doppelseite, auf der der Bär den Arm in die Seite stemmt, besonders gerne.

Welche ist Ihre Lieblingsfigur?

Natürlich das Erdmännchen auf dem Cover. :o)

Sie haben zahlreiche Bilderbücher für Kinder illustriert. Könnten Sie sich vorstellen, auch für Erwachsene zu zeichnen?

Ich zeichne sogar sehr gerne auch für Erwachsene. Meistens sind es Dinge, die Erwachsenen die Welt der Kinder wieder näherbringen sollen. Zum Beispiel habe ich verschiedene Bastelbögen für Erwachsene illustriert oder einen Stadtführer und diverse Stadtpläne und Cover für touristische Magazine.

Auf jedem Ihrer Bilder gibt es viel zu entdecken und zu bestaunen. Als Leser:in kann man hier lange verweilen. Dieses Hängenbleiben an einem Bild, an einer Vorstellung sind ästhetische Momente, die vor allem Kinder lieben. Was können Bilder, was der Text nicht schafft?

Mein Ziel ist es, Bilder zu schaffen, die es den Betrachter:innen (Kindern, aber auch Eltern) ermöglichen, auch beim zweiten oder dritten Anschauen noch eine neue inhaltliche Ebene zu entdecken. Damit ist ein Buch auch beim mehrmaligen Ansehen noch interessant. Im Text unterschiedliche Ebenen zu schaffen, ist viel schwieriger bis manchmal echt nicht möglich.

Könnten Sie sich vorstellen, Bilderbücher ohne Text zu zeichnen?

Klar. Das ist herausfordernder, weil ich generell ja immer den Text von Autor:innen näher beleuchte oder ausschmücke, aber vorstellen kann ich mir das gut. Ich habe auch selbst schon ein Wimmelbuch »geschrieben« und illustriert, das komplett ohne Text auskommt.

Mit welchen Stiften, Farben und mit welcher Technik malen Sie?

Meine Originalillustrationen sind in Gouache und mit Farbstiften gemalt. Dadurch bekommen die Bilder eine richtig schön matte Patina. Einige Illustrationen, vor allem die zweifarbigen, entstehen jedoch auch komplett am Computer.

Wo und wann zeichnen Sie?

Ich zeichne eigentlich immer. Überall. An allen Orten und in allen Positionen. :o)

Was macht eine Illustratorin eigentlich den ganzen Tag außer zeichnen?

Leider zeichne ich nicht nur den ganzen Tag. Wenn ich ehrlich bin, dann nimmt das Zeichnen höchstens 50–60 % meiner Arbeitszeit ein. In der restlichen Zeit lese ich Manuskripte, schreibe E-Mails, telefoniere mit Lektor:innen oder stöbere in Buchhandlungen.

Wie gestaltet sich Ihre Zusammenarbeit mit den Autor:innen? Wie funktioniert das, gemeinsam ein Bilderbuch zu gestalten?

Grundsätzlich entscheiden in der Mehrheit der Fälle die Verlage, welche Autor:innen und damit welche Texte zu meinen Illustrationen passen könnten. Nichtsdestotrotz habe ich auch privat viele Kontakte zu den (in meinen Augen) besten Autor:innen. ;o) Der Kinderbuchbereich ist doch ein ziemlich kleiner und ermöglicht damit, dass wir uns alle mehr oder weniger gut kennen. ;o) Und wenn ich Illustrationen für einen Text eines mir neuen Autors erstellen darf, nehme ich meistens persönlich Kontakt auf, oder andersrum. So ein Buch ist wie ein Baby. Und der/die Autor:in und ich sind quasi die Eltern. Und da bauen wir natürlich schon auch eine Beziehung auf. :o) Meistens beim Entstehen, manchmal auch erst nach der »Geburt«.

An welchen neuen Projekten arbeiten Sie gerade? Auf welche Bücher von Ihnen dürfen wir uns in Kürze freuen?

Ich bin super glücklich, dass ich in diesem Jahr das Plakat und die Begleitmedien der ARD-Radionacht bebildern darf. Das ist zwar kein richtiges Buch, aber es wird richtig viele Kinder in Deutschland erreichen. Außerdem erscheint in diesem Jahr noch ein echt lustiges Buch, in dem auch wieder Erdmännchen eine Rolle spielen. Sie spielen darin zwar nicht die erste Geige, aber mindestens die zweite. :o)

Vielen Dank, Frau Jeschke!

Interview: Anja Schirmer (April 2023)

„Ich wär so gern … dachte das Erdmännchen“

1. Was gibt es auf dem Bucheinband zu entdecken? Ordne die Wortkärtchen zu.

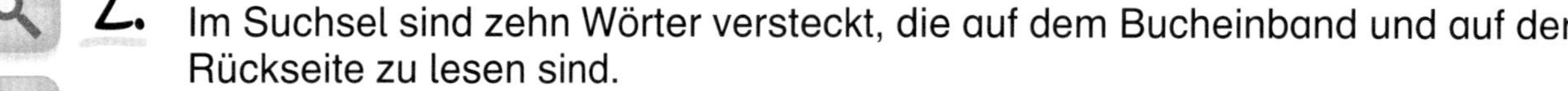

2. Im Suchsel sind zehn Wörter versteckt, die auf dem Bucheinband und auf der Rückseite zu lesen sind.

a) Finde die Wörter und male sie an.

b) Schreibe mit jedem Wort einen Satz und male dazu.

I	C	H	F	L	I	N	K	S	O	L
F	G	R	Z	Ö	B	H	N	J	M	K
B	Ä	R	N	W	I	O	T	I	E	R
P	L	O	G	E	R	N	C	D	F	G
D	S	X	V	Y	H	J	O	K	M	N
S	C	H	I	M	P	A	N	S	E	P
Q	C	V	B	M	N	B	V	U	I	O
B	E	W	U	N	D	E	R	N	X	Q
A	C	V	B	R	R	E	C	H	T	S
E	R	D	M	Ä	N	N	C	H	E	N

***Profiaufgabe:**

Der Titel des Buchs verrät dir schon etwas über die Geschichte.
Hast du eine Idee, welcher Titel noch passen könnte? Schreibe ihn auf.

Lösung zu Aufgabe 2:
ich, Erdmännchen, gern, links, rechts, Bär, Löwe, Schimpanse, Tier, bewundern

„So leben Erdmännchen“

1. Schreibe und male auf, was du schon über Erdmännchen weißt.

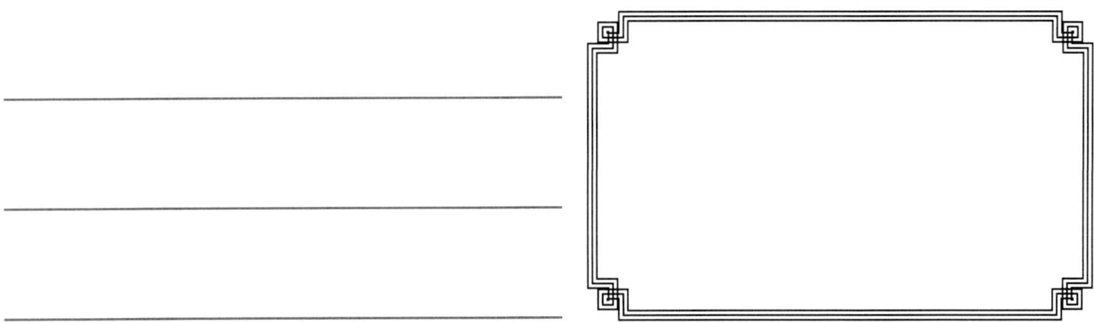

2. Schreibe deine Fragen zu Erdmännchen auf ein Blatt Papier.

3. Lies den Informationstext.

> **Info**
> Erdmännchen sind kleine Säugetiere. Sie gehören zu den Raubtieren und sind mit den Mardern verwandt. Erdmännchen leben in Savannen im südlichen Afrika. Sie haben ein ausgeprägtes Familienleben und leben in Kolonien von bis zu 30 Tieren zusammen.
> Erd-„männchen“ werden sie genannt, weil sie wie die Menschen oft auf zwei Beinen stehen, um die Umgebung zu beobachten.

4. Kreuze an, was stimmt und was nicht stimmt.

	stimmt	**stimmt nicht**
Erdmännchen sind kleine Fische.		
Sie sind mit den Mardern verwandt.		
Erdmännchen leben in Savannen.		
Erdmännchen leben in Europa.		
Sie leben in Kolonien zusammen.		

* **Profiaufgabe:**

a) Findest du noch mehr über Erdmännchen heraus? Du kannst Sachbücher, das Lexikon oder das Internet nutzen, um weitere Informationen über Erdmännchen zu finden.

b) Versuche, deine Fragen aus Aufgabe 2 zu beantworten. Schreibe in dein Heft.

„Nach links … geradeaus … nach rechts …“

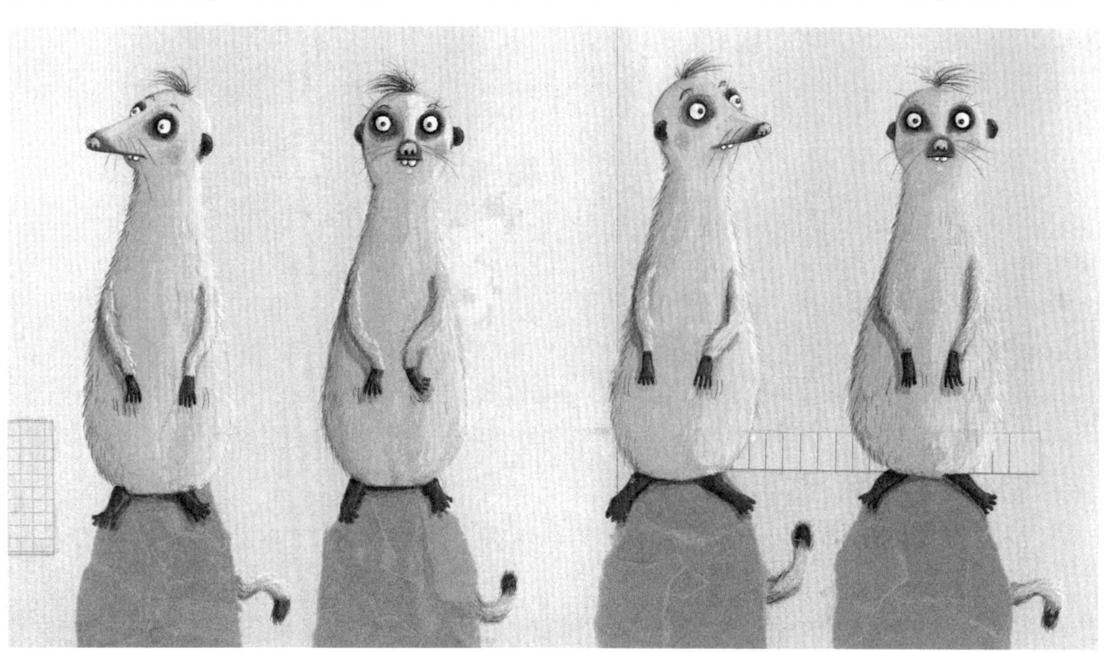

Das Erdmännchen schaut sich um.

1. Schreibe die passenden Wörter über die Erdmännchen.

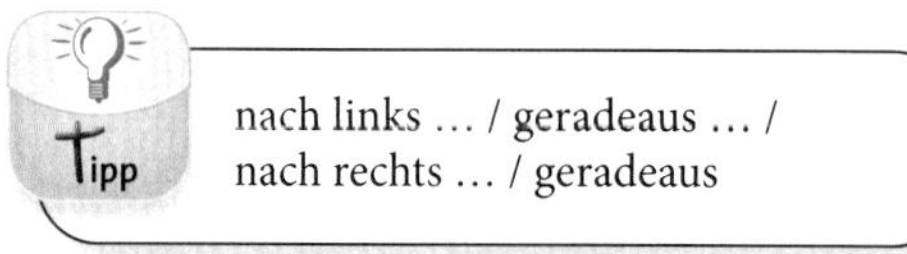

2. Wen sieht das Erdmännchen? Schreibe und male.

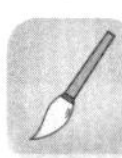

3. Was denkt und fühlt das Erdmännchen, als es sich umschaut? Schreibe es in dein Heft.

* **Profiaufgabe:**

Schau dich im Klassenzimmer um und wähle jemanden aus. Was gefällt dir an dieser Person? Bewunderst du an ihr auch etwas? Male die Person und schreibe deine Gedanken auf.

„Die Bären … die Schimpansen … die Löwen …“

1. Lies dir die Seiten 14 und 15 noch einmal durch. Ergänze die Sätze.

Ich bin der Bär und ich bin

____

Ich bin der Schimpanse und ich bin

____

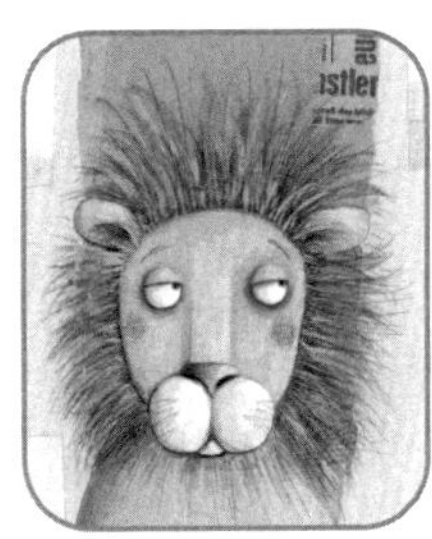

Ich bin der Löwe und ich bin

____

2. Lies dir die Seiten 17 bis 21 noch einmal durch. Verbinde die Satzhälften, die zusammenpassen.

Ich wär so gern Schimpanse, •	• dann hätte jeder Angst vor mir!
Ich wär so gern ein Bär, •	• die machen so toll Quatsch!
Ich wär so gern ein Löwe, •	• da wär ich bärenstark!

*** Profiaufgabe:**

Schreibe in dein Heft, was die drei Tiere noch alles können.

„Sie sind lustig … stark … mächtig“

1. Das Erdmännchen weiß nicht, was es selbst alles gut kann.

a) Überlege, was du gut kannst.

b) Ergänze den Satz und schreibe auf, was du gut kannst.

Ich kann gut ______________________________

____

2. Was kann deine Freundin oder dein Freund gut?

Meine Freundin ______________ kann gut ______________

____

Mein Freund ______________ kann gut ______________

____

3. Es gibt auch Dinge, die wir nicht so gut können. Was kannst du nicht so gut?
Schreibe oder male auf, was du nicht so gut kannst.

____

____

____

* **Profiaufgabe:**

a) Schreibe ein Namens-Akrostichon über dich. Welche Eigenschaften passen zu den Buchstaben?

b) Schreibe weitere Akrosticha zu TIER, BÄR, ERDMÄNNCHEN, LÖWE oder SCHIMPANSE.

Info

AKROSTICHON

Mehrzahl: Akrostichen oder Akrosticha

Die Buchstaben eines Wortes oder eines Namens werden senkrecht untereinandergeschrieben. Jeder Buchstabe bildet dann den Anfang eines Wortes oder Satzes, der zu dir passt.

Beispiel: *S portlich*
U rkomisch
…

„Ich wär so gern ein Schimpanse …"

1. Das Erdmännchen wäre so gern jemand anderes.
Wolltest du auch schon mal so sein wie jemand anderes?
Schreibe auf, warum?

Ich wäre gern ____________________, weil ____________________

2. Welches Tier wärst du gerne?
Schreibe eine Begründung auf. Male das Tier.

* **Profiaufgabe:**

Welche Tiere könnte das Erdmännchen im Zoo noch sehen? Was könnte es über diese Tiere denken? Was könnte es an ihnen bewundern?

a) Tausche dich mit einem anderen Kind aus.

b) Schreibt dann eure Ideen in eure Hefte.

Beispiele: *Giraffen sind so groß und haben einen so tollen, langen Hals. Elefanten sind so stark und werden sehr alt.*

„Ein Schatten“

1. Das Erdmännchen sieht einen Schatten. Gefahr droht!
Ergänze den Lückentext.

Ein ______________________.

Schnell ______________________.

Sind alle im ______________________?!

2. Die anderen Tiere staunen über das Erdmännchen. Wer sagt hier was?
Verbinde die Sprechblasen mit dem richtigen Tier.
Wenn du unsicher bist, lies auf Seite 26 bis 31 nach.

Alles tanzt nach seiner Pfeife.

So müsste ich aufpassen können.

Toller Kerl!

So schnell möchte ich sein.

* **Profiaufgabe:**

Warum erkennt das Erdmännchen nicht, dass die anderen Tiere es um seine Eigenschaften ebenfalls beneiden? Tausche dich mit einem Partnerkind darüber aus.

„Kommt raus …"

1. Am Ende beneidet das Erdmännchen immer noch die anderen Tiere.

a) Überlege dir einen anderen Schluss für die Geschichte. Mache dir Notizen und male Bilder dazu.

b) Tausche dich dazu mit einem Partnerkind aus. Erzählt euch gegenseitig eure Ideen. Eure Notizen und Bilder können euch beim Erzählen helfen.

2. Du hast die Geschichte gehört oder gelesen. Welche Stelle gefällt dir besonders gut oder ist dir besonders wichtig? Schreibe die Seitenzahl auf. Begründe, warum du die Stelle ausgesucht hast.

Beispiel: *Mir gefällt die Stelle gut, weil …*

____

____

* **Profiaufgabe:**

Welche Stelle gefällt dir nicht so gut? Schreibe die Seitenzahl auf. Begründe, warum du die Stelle ausgesucht hast.

Beispiel: *Mir gefällt die Stelle nicht so gut, weil …*

____

____

„Sind alle im Bau?“

1. Kreise die richtigen Aussagen ein. Die Buchstaben ergeben ein

Lösungswort:

1	2	3	4	5	6	7	8	9	10

	richtig	falsch
Das Erdmännchen wäre so gern ein lustiger Schimpanse.	B	L
Das Erdmännchen wäre so gern eine langsame Schnecke.	Ö	Ä
In dem Buch kommt auch ein Kamel vor.	W	R
Das Erdmännchen beobachtet die anderen Tiere.	E	S
Das Erdmännchen wäre so gern ein mächtiger Löwe.	N	C
Das Erdmännchen wäre so gern ein gestreifter Tiger.	H	S
Das Erdmännchen wäre so gern ein bunter Papagei.	I	T
Das Erdmännchen wäre so gern ein starker Bär.	A	M
In dem Buch kommt eine Schlange vor.	P	R
In dem Buch kommt eine Biene vor.	K	A

2. Bildet Gruppen. Jede Gruppe stellt eine Szene aus dem Buch dar.

a) Sucht euch als Gruppe eine Szene aus dem Buch aus.

b) Welche Tiere müssen bei eurem Rollenspiel dabei sein?
Besprecht, was in der Szene, die ihr spielt, passiert und welche Gedanken und Gefühle die Tiere haben.

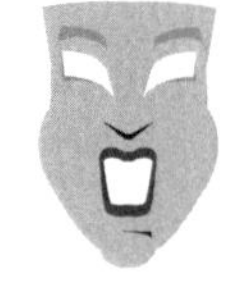

c) Bestimmt ein Kind, das Regie führt. Es kann den Schauspielern beim Sprechen helfen.

d) Verteilt die Rollen in der Gruppe und übt das Rollenspiel. Sprecht frei, betont und ausdrucksstark.

e) Schreibt euch auf Spickzettel, was die einzelnen Tiere sagen.

f) Tragt das Rollenspiel dann eurer Klasse vor. Vergleicht die Darbietungen. Was ist jeder Gruppe besonders gut gelungen?

* **Profiaufgabe:** Stellt euch gegenseitig Rätsel zum Inhalt des Buchs. Ein Kind beschreibt eine Szene, die Klasse muss sie erraten.

„Alles tanzt nach seiner Pfeife“

1. Finde das Bild, zu dem die Beschreibung passt.
Schreibe in das Kästchen, auf welcher Seite du es gefunden hast.

	Seite
Auf dem Bild sieht man einen Schimpansen, der eine Banane isst.	
Auf dem Bild sieht man vier Ameisen und zwei andere Tiere.	
Auf dem Bild sieht man drei Luftballons.	
Auf dem Bild sieht man ein Schild, auf dem „Berlin“ steht.	
Auf dem Bild sieht man zehn Löcher.	

2. Denke dir weitere Bilderrätsel aus. Schreibe sie in die Rahmen.
Die anderen Kinder müssen deine Rätsel dann lösen.

3. Male eigene Bilder zu einer Szene. Deine Mitschülerinnen und Mitschüler müssen erraten, zu welcher Szene im Buch das Bild passt.

4. Welches Bild gefällt dir im Buch am besten? Male es auf ein Blatt.

* **Profiaufgabe:**

a) Entwirf ein neues Titelbild und male es auf ein Blatt.

b) Hängt alle Titelbilder an die Tafel und diskutiert, welches am gelungensten ist.

„Toller Kerl, denkt der Löwe“

Nun kennst du die Geschichte vom Erdmännchen, das gern so wäre wie andere.

1. a) Schau dir mit einem Partnerkind die Bilder genau an.

b) Übt, die Geschichte lebendig und in der richtigen Reihenfolge nachzuerzählen.

c) Nutzt die Bildkarten, schneidet sie aus und legt sie in die richtige Reihenfolge.

d) Ein Kind erzählt und das andere gibt eine Rückmeldung. Danach tauscht ihr die Rollen.

* **Profiaufgabe:**

Schreibe einen kurzen Text, einen Satz oder ein passendes Wort zu jedem Bild.